Ralphson Pierre

Haïti :
Mots sur maux

Erpé Editions

Haïti
Mots sur maux

RALPHSON PIERRE

Illustation Tableau : Luckane BENOIT

Couverture & Mise en page : Ralphson PIERRE

Lecture et relecture : Etienne JEAN

Correction : Dr. Daphney BIJOU

Editions : Erpé (RP)

Erpé Éditions

2011 © Erpé Editions
ISBN : 978-2-9538240-0-1

Dépôt légal – Bibliothèque Nationale de France

Première édition Mai 2011

Erpé
Éditions

Sommaire

Les titres des poèmes et tableaux

Sommaire

Les titres des poèmes et tableaux

Sommaire

Les titres des poèmes et tableaux

Qui se plie restera entier, qui s'incline sera redressé. Qui se tient creux sera rempli, qui subit l'usure se renouvellera...

Lao Tseu, Sage spirituel

Que la force me soit donnée de supporter ce qui ne peut être changé et le courage de changer ce qui ne peut l'être, mais aussi la sagesse de distinguer l'un de l'autre...

Marc Aurèle, empereur romain et philosophe stoïcien

Dédicace...

Je dédie, d'abord, ce recueil de poèmes à tous les amoureux de la poésie et à tous ceux qui, de loin ou de près, m'ont aidé à réaliser cette première œuvre littéraire.

Ensuite, je dédie ces poèmes à ma famille pour son soutien infaillible, spécialement à mon épouse, ma complice Daphney Bijou, et à mes enfants Darell et Anahelle.

À ma grand-mère maternelle, Christiane Firmin, mes oncles : Josué Jean-Gilles, Akim Roger, Yves et Michelet Joseph. À mes frères et sœurs : Peterly (décédé), Rénato, Daphna, Roodelyne, Rama, Katiana, et Minouche.

À mon père Raoul Pierre et aux autres membres de ma famille paternelle: Betty, Stephenson, Tony, Jean-Marie, Altéaga, et Peterson, Amos, Jean-Luc, Wiliam, Marie-Claude Pierre.
A mes nièces et neveux : Hayden, Shanell, Kaylah, David, Francès, Raven, Darley, Isaac

Enfin, à la mémoire de mes grands parents Stephen Pierre, et Louise Chancy; à ma mère, Marie-Denise Roger, décédée en 2007, à Philadelphia, USA; à mon petit frère, Peterly Pierre, décédé suite à un infarctus du myocarde en 2017, à Montréal, Canada.

Ralphson Pierre
auteur, 2011

Avant-propos

Après avoir mené les grandes luttes pour l'indépendance, Haïti s'est retrouvée à confronter la division de la nation et enterrer prématurément le père de la patrie. Elle a combattu les yankees pour s'être plus tard obligée de combattre la dictature des Duvalier, les putschistes militaires, mêmes l'église n'a pas su faire mieux en se faisant représenter par le plus digne de ses fidèles. Pendant ce temps -là, la nation souffre, le peuple rame. Et pour nous couronner d'épine ce passé d'amertume, le 12 janvier 2010, nous avons bu le calice jusqu'à la lie. Plus de 250 000 milles morts. Sans doute le plus grand bilan en perte de vies humaines que nous n'avions jamais connue.

Cette catastrophe a anéanti des églises, elle a détruit des mosquées, effondré des synagogues et elle a mis à genou des péristyles. Elle a mis en ruine des châteaux et des maisonnettes. Elle a fait des victimes dans toutes les couches de la société. Endeuillant les riches, écrasant la classe moyenne et terrassant les pauvres et les universitaires. Elle a aussi anéanti la classe politique en lui ôtant des vies dans toutes ses branches. Un an plus tard, on doit jauger entre les décombres et l'épidémie de choléra qui règne en seul maître.

Ce pays n'a jamais cessé de souffrir et personne ne voit une lueur d'espoir.

Les enfants continuent à faire des kilomètres à pieds pour se rendre à l'école. Les haïtiens continuent de prendre les bateaux de fortune pour rejoindre les cotes des Etats Unis en risquant leur vie. Les paysans continuent d'attendre les caprices de la nature pour planter et récolter.

Et pourtant, un regard illuminé, un sourire charmant et une voix mélodieuse, voilà ce qui résume l'âme optimiste haïtienne. Par dessus de son quotidien chaotique, Haïti veut rester un modèle artistique et littéraire dans les caraïbes et dans le monde entier.

Dans ce recueil de poèmes, l'auteur fustige les deux siècles de gâchis administratifs, d'un état jamais aboutit qui hypothèque l'avenir des enfants du pays. il condamne les forces de la nature qui sans cesse, s'acharnent sur Haïti en l'enfonçant dans l'abîme tous les jours. L'auteur n'hésite surtout pas à vanter le courage, l'envie, la force, l'espoir des Haïtiens qui continuent à lutter chaque jour. Chaque poème vous transporte au cœur de la réalité haïtienne. Ce recueil traduit ces maux en mots.

"Pour se relever des ruines, Haïti doit exploiter ses forces et améliorer ses faiblesses car ses forces ce sont: Ses artistes, ses intellectuels, ses écrivains, ses plages, son soleil sa pluralité, sa cohabitation de couleurs et de religions. Mais ses faiblesses ce sont: Ses tyrans et ses manipulateurs intérieurs et extérieurs. »

Étienne JEAN
Spécialiste en Education et Formation des adultes
Président de l'Association Nouvelle Image d'Haïti (ANIH)
Auteur du livre : *Haiti, le grand désarmement.*
sobatage économique, délitement socio-culturel, éd. Milot, 2025

Haïti : Mots sur maux

Ralphson Pierre

> *La personne qui lira ces mots, dira qu'il existe bien d'autres maux. Mais quand il nous manque l'essentiel, la vie n'est pas aussi belle…*

Karim BILLIL, Extrait de son recueil de poèmes :
« Pensées ailleurs et si près, 2008 »

L'Etat

Démissionnaires, ils le sont les adultes

Et ... depuis bien des temps.

Nos jeunes sont désespérés,

A présent...

Le pays agonise et souffre

Longtemps...

Quel espoir pour l'orphelin

De demain ?

Pour les méprisés des rues ?

Tout est incertain.

Pour les talentueux du pays ?

Plus rien.

Pourtant, chacun rêve d'un avenir

Meilleur... Enfin !

Mais qu'en est-il de notre coin de terre ?

Haïti.

Ralphson Pierre

Fils du prolétariat

J'avais l'atout d'être un grand

Si vous aviez encadré mon talent.

Je me prosterne chaque soir

Implorant Dieu " ESPOIR ".

Espoir pour un avenir meilleur.

Espoir pour un vent de bonheur.

De l'abîme, je suis venu anonyme

Et j'y retournerai anonyme

Hélas…

Ma résistance est veine.

Comme dit l'autre.

" Je me livre aux aveugles au destin qui m'entraîne."

Fils du prolétariat, jeunes du ghetto.

Rêvons, prions car il aura un moment de bonheur

 Pour les fils du ciel bleu.

Le portrait d'Haïti

Tableau

2003 © Luckane BENOIT, « Le portrait d'Haïti »

Deziyèm 7 fevrye 1986

Sou wout lavi chè
Gouvènman lamizè fè aksidan
Anpil moun fè vwal ak prezidan
Gen lot, kè yo pa anpè.

Nan chimen jennen
yo kenbe chwal malen.
Gade jan yon pèp gen fyèl
pou 'l sipote mizè pou myèl.

Vwa pèp la , se vwa bondye
Li bouke , ou fèl twop
Grozotobre ki di yo se top
Pinga !pinga ! pèp sa-a leve .

Se nan domi m'te ye, gwo douvanjou
7 fevrye 86, anvan kok di koukouyoukou
Gwozotobre te gentan kòd nan kou
lè ti pèp sa leve, li pa konn lanmou.

E ben ! pawol la di : "Sot ki bay
Enbesil ki pa pran". Pran piyay.
Pa bliye ke li avè'w, nèg lespri
Men bal yon ti chans pou'l pa fin deperi.

Ralphson Pierre

Un amoureux malheureux

Si je pouvais voir St Valentin
Je lui donnerais mon adresse à St Martin
Pour qu'il passe me voir un matin
Mon cœur serait heureux et sans chagrin.

Si je pouvais voir St Valentin
J'essaierais de toucher sa main
Pour avoir un changement dans mes jours de Valentin;
Qui s'en volent, s'en vont avec mon destin.

Si je pouvais aussi voir Ste Valentine.
Je lui dirais de venir à mon secours et de maîtriser ma copine,
En lui faisant devenir une des plus belles Valentine
Avec la peau souple et très fine

Si je pouvais cueillir un baiser aux lèvres de Ste Valentine.
Je le transmettrais sur les joues de ma copine.
J'escaladerais les mornes et traverserais les collines,
Semés des plus atroces et dangereuses épines.

Qui suis-je ?

N'est-ce pas moi qui interviens
Lorsque l'un, l'autre veut tuer en vain.
Mais qui suis-je ?

N'est-ce pas moi qui règne l'harmonie
Dans les cœurs, les familles et les pays.
Mais qui suis-je ?

N'est-ce pas moi qui suis contre la guerre
Que ce soit en mer, dans l'air ou sur terre.
Mais qui suis-je ?

N'est-ce pas moi qui refuse la violence
Pour que la vie ait au moins un autre sens.
Mais qui suis-je ?

N'est-ce pas moi qui chaque jour lutte
Pour une Haïti dont espéraient nos ancêtres.
Mais qui suis-je ?

N'est-ce pas l'union qui t'a fait gagnant
Lors de la fameuse cérémonie du bois-caïman
Mais qui suis-je ?

Eh bien ! C'est moi. " La PAIX "
oui moi, " PAIX "

Je vous dis, la Paix pour un HAITI de demain.
La paix pour la PALESTINE de demain.
La Paix pour l'UKRAINE de demain.
Jusqu'au dernier soupir ... Je vous dirai toujours
Faisons la paix, faisons la paix.

Mon sort

Je suis dans un monde
Où règne la cupidité.

Je suis dans un pays
Où vit la misère.

Je suis dans un quartier
Où le mensonge est roi.

Je suis dans une maison
Où tout est folie.

Je suis orphelin,
Plus personne pour apaiser ma douleur

Je suis méprisé,
Plus personne pour m'apprécier

Je suis sans abri
Nul endroit pour me protéger.

Je suis en agonie
Personne pour me dire Adieu.

Je suis moi-même
Personne ne s'occupe de mon sort.

——————————— 🙶 —

La savanne désolée
Tableau

2001 © Luckane BENOIT, « La savanne désolée »

Ralphson Pierre

Fanm lakay

Nan ou lavi jwenn solèy douvanjou
Pou tout moun k'ap chache yon moso lanmou
Paske san ou limanite t'ap kagou.
Oh ! fanm , nou apiye sou ou.

Nan ou kè jwenn posiblite renmen
Pou jenn yo ki deside mache men nan men,
jayi lanmou nan tout rakwen.
Wi ...lanmou l'ap simayen.

Nan ou lavi jwenn sous limyè
Pou yon peyi ki nan mizè
Yon lanmou ki nan fè nwè,
Yon fòs ke nou pa wè.

Oh ! Fanm lakay...
Fanm solèy douvanjou.
Ou se poto mitan kay
Nan tout lakou.

Noël bidonville

Père Noël ...
Dans ta compassion infinie
Pense aux opprimés d'Haïti
Qui, depuis des temps se sacrifient.

Père Noël ...
De tes mains, nous attendons une solution ;
Les années s'en vont, s'en reviennent, pas d'amélioration.
Pour les gens des bidonvilles, à quand la promotion ?

Père Noël ...
De ton sac à dos
Donne des cadeaux
Aux enfants du ghetto.

Père Noël ...
Toi qui connais la misère
Avec toute sa saveur amère,
Dans les bidonsvilles, chasse la galère

Ralphson Pierre

Compère soleil

Jacques, visage d'enfant, adulte en esprit ;
Aussi simple qu'un humaniste, avait une très large
Culture : Médecin, Romancier, Dramaturge.
Qui est ce grand homme ? D'ou vient-il ?
Unissons-nous, éduquons-nous, c'est ce qu'il prêchait
Et le flambeau contre les actes arbitraires était entre ses mains.
Sans ou avec vous, il pouvait encore le tenir mais ...

Stéphen, homme de tout le monde a succombé.
Toi et moi c'est nous qui devons assurer la relève
Et pour que ce soleil brille encore dans notre âme et esprit ;
Poussons-nous à dire : « On ne tue pas des êtres qu'
Haïti ou la terre a mis tant d'années à créer ;
Eliminer une valeur comme Jacques, c'est détruire le pays.
Non, non, nous répétons " non " à l'unisson.

Alexis, brillait à la manière d'un feu vif.
La relève ! Oui, car nous nous sommes déjà transformés en bois
Et que ce feu brille et continuera à briller pour toujours.
Xénophile, Marxiste, Militant, Syndiqué tout en cet homme ;
Itinéraire que ce génie a tracé, on peut le suivre
Sûrement, il est un feu qui ne s'éteint jamais aux yeux de
l'intelligentsia haïtienne.

Ayiti

Ayiti se te yon bèl ti peyi
Yon te rele li pèl dezantiy
Kounnyeya li vin telman pouri
Li pa gen valè yon zandolit mouri
Ki fè yon bann tan nan dlo santi
Ho ! Mezanmi si w wè Ayiti wi
Wa anvi vomi
Se pa bagay pou ri
Ou dwe sezi
Gen moun ki te konn di ...
Lontan lè w pati
Bèl souvni peyi
Ka fè w gen nostalji
E se vre wi ...
Granmè te konn pale m de li
Menm nan istwa dayiti
Lè yap pale w delakoloni
Se te yon paradi
Men ! kounnyeya, li fin deperi
Anvi , bonè , dousè tout detwi
Ou ta prete nan men etazini
Oswa nan men ostrali.

Ralphson Pierre

Si yo te konn prete fyète
Ansan'm ak bote
Titi cheri
Rès vi'w nan men bondye
Pou nou pa di adye
Nan plas mèsi bondye.

L'oeil

Tableau

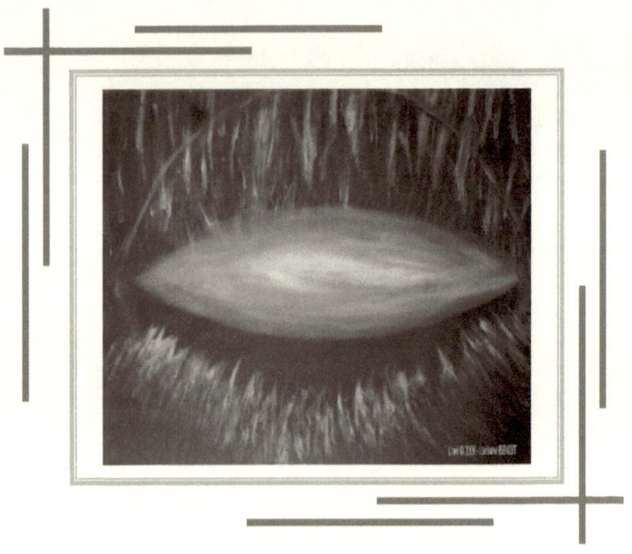

2006 © Luckane BENOIT, « L'oeil »

Elle

Elle me semble jolie
Comme la vierge Marie.
Admirable,
Comme la tête de Kédar.
Fragile,
Comme une fleur subtile.
Elle ...
Elle fait vivre les beaux moments
Comme si l'on avait séjourné au firmament.
Elle est la vie, l'affection, l'amour.
Elle ... le soleil du jour.
Elle est compatible à la douceur
Jusqu'au chemin qui mène au bonheur.
Elle...
Elle me semble brillante
Comme une pierre étincelante.
Sensible,
Même au toucher d'un invisible...
Ho ! Par dessous de ses seins
Trace un dessein
Elle ... elle ... oui sans elle
L'amour n'aurait pas d'ailes
Sans son apport
L'amoureux serait sans réconfort
Ah ! Oui, sans la femme, l'amour serait mort.

Ralphson Pierre

Écoutez-moi

— 66 ——————————————

Lire, c'est vitaminer votre cerveau

Intellectuel, Elève, Universitaire pensez à la lecture.

Vivre sans le livre, c'est avoir les yeux crevés car

Rien ne peut se faire sans lui, il est partout

Et en tout : « Tout par le livre, le livre partout »

———————————— 99 —

Port-au-Prince d'hier

Port-au-Prince dont Grand'mère me parlait
Etait déserte comme un couloir d'un palais.
Les maisons et les rues étaient presque inhabitées
Peut-être l'immondice n'avait encore existé.

Port-au-Prince où Grand'mère a vécu
Etait considérée comme du jamais vu,
La tranquillité et la sécurité y régnaient
A l'image de notre bicolore et de son reflet.

Port-au-Prince à présent est un coffret
Où la circulation est impossible même aux personnes
A Grand'mère comme à tous, cela étonne.

Port-au-Prince a un secret
On peut voir ce que disait Grand'mère
Aux alentours de minuit, surgitl'image de Port-au-Prince
d'Hier

Ralphson Pierre

Pitit tè a

Li soti nan po trip lafrik
Nan yon ti bout tè magik.
Zotobre fè'l monte maswife tankou bourik.
Ho ! Ayiti cheri , Zantray lafrik .

Nan bouske lavi
Li trouve yon peyi
Pou li se yon paradi
Se pa manti .

"Nèg pa vle wè, nnèg depi nan ginen"
Sa se pawòl ewopeyen ak meriken
Pou fè nèg solèy dayiti pa janm anyen
Sou latè beni , Ho Ayisyen !

Depi 1804 n'ap fè listwa
Ak zanzèt nou yo : Desalin , Tousen , Capwa
Bat lame Napoleyon , Pote laviktwa.
Nèg , pitit solèy dayiti gen lespwa.

Ralphson Pierre

Jouk kilè n'ap sispann pase mizè
Anba pye zotobre po klè
Ki konn se yo ki mèt latè
K'ap pawoze fè e defè.

Naje pou soti

Tableau

2004 © Luckane BENOIT, « Naje pou soti »

Le fiel

Goutte à goutte, nous buvons du fiel
Venant de sa mamelle.
Chaque quart d'heure est beaucoup plus cruel.

Pauvre Marie, la sainte
Devant tes yeux, tes fils avalent l'absinthe
Des autres pays sans moindre crainte.

Pays de misère, pays de malheur
Tel est le nom donné par nos confrères
Terre Mutilée, bafouée, humiliée par nos frères et sœurs.

Jurons, jurons sur l'épée Dessalinienne
De défendre la liberté haïtienne
Sur toute la surface terrienne.

Jurons, jurons, jurons
Jurons plus jamais, nous ne buvons
Ce vin d'absinthe.

Ralphson Pierre

Nwèl lakay

Yon ti van frèt tanmen soufle
Yon epok vle parèt , men kouman'l rele.
Gwo tèt yon di se " nwèl"
Se fèt nesans tijezi nan syèl
Ki vle di fèt nwèl se lapè

Fèt nwèl se bonè
Fèt nwèl se lanmou
Fèt nwèl se respè frè nou
Fèt nwèl se rekonsilyasyon
Fèt nwèl se linyon

Anben, si se konsa , lakay pa gen nwèl
Nwèl ale, nwèl tounen se parèy
Paske nwèl lakay se doulè
Nwèl lakay se mizè
Nwèl lakay se lagè

Nwèl lakay se kè sere
Nwèl lakay se dlo nan je
Tonton Nwèl , pa egziste pou tout moun an jeneral
Sankwa , li ta pase wè nou nan Kwadèbosal
Nwèl ale se tray

Nwèl tounen se tray
Ton Nwèl ,pa pase bo lakay
Nou domi sou pay
Minwi sonnen , nou leve sou pay
Nwèl pa fèt pou nèg lakay

Nwèl se limyè
Nou menm nou nan fè nwè
Nwèl lakay se toujou konsa
Ton Nwèl pa janm desann anba
Ban nou yon ti kichoy

Yon ti moso nwèl
Nan site solèy yon ti moso
Nan site Lesko
Voye yon ti bay , nan site katon

Nan va jwen'l tou nan site Boston
Ton Nwèl pa janm pote bon nouvèl
Tonton Nwèl souple
Di yon bagay
Pou nèg lakay
Ane sila , paske nwèl yo se toujou tray.

Ralphson Pierre

Pacte d'amour

Quand l'obscurantisme m'envahit le cœur
Elle me reflète de la lumière.

Quand la vie me turlupine
Elle me sert plus qu'une copine.

Quand l'amour me fait du tort
Elle sert de Réconfort.

Quand le monde s'acharne contre moi ;
Elle me protège comme un Roi.

Quand les vicissitudes de la vie m'affectent ;
Elle m'accompagne acte par acte.

Quand les fleurs veulent me faner aussi
Elle s'y oppose avec le contraire de "OUI".

Quand la solitude fait de moi, son ami fidèle ;
Elle me sert de compagne comme une hirondelle.

Et même quand la Terre m'aurait englouti vivant ;
Elle se suiciderait pour venir me trouver au firmament.

Oh ! Cupidon, que dois-je lui offrir ?
Que ma fidèle sincérité ... jusqu'au dernier soupir.

Sans toi...

Que pourrais-je faire sans toi...
Avec les larmes de tes yeux
J'ai pu faire le mortier ...
Afin de construire mon amour dans ton cœur.

Que pourrais-je faire sans toi...
Mon organisme ne reçoit pas d'oxygène
Et tu m'as donné une partie de ton haleine.
Sans toi, je baignerai éternellement dans la douleur.

Que pourrais-je faire sans toi ...
Le sang ne circule pas dans mes veines
Toute ma vie entière est peine,
Mais ou vont mes chers désirs et pensées.

Si j'aurais pu bénir le jour qui t'a vu naître
Tout le monde aurait la chance de te connaître
Mais tu es pour moi une sublime panacée
Qui guérit mes maladies et évite d'extirper mes désirs
et pensées.
Oh ! Qui suis-je ...Sans toi ?

Ralphson Pierre

Lakay

Lakay pa manje...
Lakay pa mete...
Lakay pa pale...
Lakay se etranje
Lakay se pitza
Lakay se "Tommy"
Lakay se "Karl Kani"
Lakay se zorèy kochon
Lakay se ambrosoli
Lakay se poul makrèl
Lakay se anglé
Lakay se panyol
Lakay se tomat , zonyon
Poutan lakay se kreyol
Poutan lakay se poul peyi
Poutan lakay se tayè
Poutan lakay se akasan
Poutan lakay se diri ak lalo
Poutan lakay se...se...se...
Wi , poutan lakay se zoranj dous
Oh ! tout sa pou lakay
Poutan lakay se lakay

Vox populi

M'se Ayisyen,ou se Ayisyen
 Pa di'm ou pa wè anyen .
M'ap respire labou ,
 W'ap pran odè ragou .

M'ap pouse bourèt
 Machin'w tankou se navèt
Ou voye dlo sou mwen pa pakèt
 Depi'w kandida ,ou dous pase sirèt .

M'leve nan mouch , m'kouche nan mouch
Malnitrisyon ,tibèkiloz tout pou tipouch
Vwa pèp la , se vwa Jah a
Gen pitye pou yo fwa sa-a .

W'ap jete manje chak jou
Voye je'w nan site Katon , pou wè grangou
Nan Lafòsèt jan moun yo kagou
Ak nan raboto pou wè pa gen kalalou .

Lanmou , pataj se sa Jah vle
Ou volè , ou gaspye , ou brote , ou kraze
Site Solèy , Boston , Katon , Lafòsèt ak Raboto
Yo ki toujou devan...e pouki n'ap kite yo K.O.

Ralphson Pierre

Justice impunie

Justice, un mot qui existe
Que pour les plus offrants.
Un mot qui met l'argent
Au premier rang.

Justice, un concept élitiste
Toujours l'enquête se poursuit
Et la vie continue à être détruite
Aux yeux de tout le monde jours et nuits.

Justice que réclame TiBwadis
Sera retrouvée au tombeau
Car l'élite ne s'acquitte même pas de ses impôts
Encore moins, se faire mettre derrière les barreaux.

Ici-bas , l'argent achète la Justice
Le droit à la Justice dépend de votre poche
Sinon le pénitencier vous attend pour briser des roches
A la place de ceux qui roulent en voitures " Porsche "

Sur la balance de la Justice
Tout le monde devait peser le même poids
Depuis le paysan Jusqu'au citadin, du serviteur jusqu'au roi
Ho ! Haïti quand connaîtras-tu une Justice conforme à la loi.

Dechouke

Tableau

2003 © Luckane BENOIT, « dechouke »

De songe en songe

J'ai vu dans un rêve
Une Haïti sans grève
Plus jamais les gens ne crèvent.

J'ai vu abolir la violence
Où l'on se fait confiance
Même si l'on est différent en croyance.

J'ai vu régner l'harmonie
Dont prêchaient les Nations-Unies
Et la non-violence que prônait Gandhi.

J'ai vu exercer une Justice
Où tout homme est vraiment libre et égal en Droit
Même quand vous êtes un Roi.

J'ai vu un pays unifié
Dont souhaiteraient nos ancêtres sacrifiés.
"L'union fait la force", c'est le cri de l'unité.

J'ai vu dans le rêve
Que je rêve d'un rêve
Qui sera qu'un rêve

Si on ignore ces 3 petites syllabes : u.ni.té

Ralphson Pierre

Un mal social

Lait de sa mamelle, nous buvions.
L'air de son poumon, nous respirions.
Ho ! Haïti jadis, Pays doux et sain
Implorant maintenant l'aide des saints.

Terre inoffensive, terre innocente,
Devenue le bastion du trafic de narcotine
De son vivant, il dirait " non " aux trafiquants
Non aux consommateurs, Empereur Dessalines
Haïti, Petit pays, quand trouveras-tu une peine atténuante.

Un **D** qui détruit les belles idées.
Un **R** qui ravage l'organisme.
Un **O** qui oblige à tuer, voler et violer.
Un **G** qui gère le cerveau.
Un **U** qui unifie la vie à la mort.
Un **E** qui élimine l'âme et le corps.

D   R   O   G   U   E

Ralphson Pierre

D R O G U E

La synthèse de ce fléau
Mettant dos à dos
La famille, les amis
Haïti, pays mutilé, pays maudit.

Luttons ! Luttons ! Tel est notre cri
Depuis le baptême de feu de cette terre
Mais...Luttons, luttons quand même ...

————————————— ♫ —

Babylone dystopique

J'ai vu Sion
Dans une vision.
Jérusalem...
Malgré tous les problèmes.
Babylone effondra...

J'ai vu l'esprit de Jah
Habite le corps de l'homme d'ici-bas
Et l'harmonie
Flotte sur les nations et pays.
Babylone effondra...

J'ai vu la tour de Babel
Et il n'y avait plus de rebelles.
Le langage, c'est l'unification
J'ai vu Sion
Babylone effondra...

J'ai vu tous les apôtres :
Pierre, Marley, Jean, Sélassié et autres.
Ho ! Babylone le diable m'a réveillé
Mais j'ai tout vu dans ce beau monde émerveillé.

Prions et soyons purs
Car Babylone sera effondré.

Ralphson Pierre

Misère

Du sein de ma mère

J'ai bu ces trois syllabes : *mi-sè-re.*

J'ai grandi avec ...

Elle est dans mon sang

Dans mes veines,

Dans mes os,

Enfin, dans mon corps tout entier. *Misère* ...

Elle me tient compagnie

Dans les rues ...

A l'école ...

A l'église ...

Au bureau ...

Peut être qu'elle me tiendra compagnie

Même au tombeau.

Oh ! Misère ...

Etais-je né pour être avec toi jusqu'à mon dernier soupir ?

Existes-tu seulement pour les peuples noir?

Dis-moi, je veux une réponse

Peuple haïtien, premier-né de l 'Afrique.

A quand montreras-tu au monde entier

Ce dont tu es capable ...

Oh ! Misère innée

Pour le peuple aîné de l 'Afrique.

Ralphson Pierre

Di mo pa ou

Depi ti katkat
Jouk rive 1804
Ayiti ap karese yon mizè
Kanmè kon fyèl, wi li anmè.

Janbe nan 57
Se men'm resèt
Nèg ap tonbe tankou pèpèt
Kraze anba pye zotobre gro tèt.

Fè yon kout pye 86
Se pi plis
Sa'w di nan sa..?
Katolik, odouyizan, protestan, rasta .

Espwa nan 91
Te fè nou wè lavi'an woz
Pi douvan nou viv yon sikoz
San vreman konen pouki koz.

Di mo pa'w Katolik
Di mo pa'w Vodouyizan
Di mo pa'w Protestan
Di mo pa'w RastaFaray.

La fleur dangereuse

Tableau

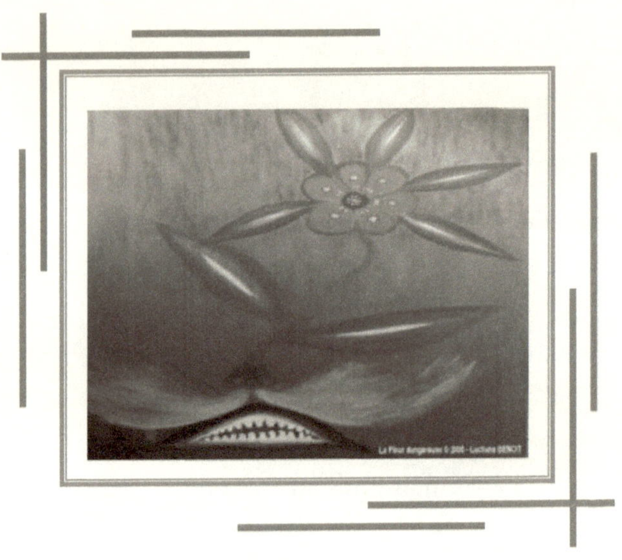

2003 © Luckane BENOIT, « La fleur dangereuse »

Dialogue
— " —————————

Iphania: C'est quoi ce mot, famine ?

Si nous portons notre regard sur la création du monde

Selon la bible.

On verra que le grand architecte de l'univers, Dieu, a dit :

"Que la lumière soit et la lumière fut."

" Que la mer soit et la mer fut." ,

"Que les animaux soient et les animaux furent."

Mais personne n'a entendu,

ni lu que Dieu prononça :

"Que la famine soit et la famine fut."

Ben ! Famine, on te qualifie comme un manque total

d'aliments

Dans une région pendant une certaine période. N'est ce

pas ?

Iphania : Comment te manifestes-tu ?

Famine : Ah ! Cousine, tu sais que je n'ai pas le droit de

dévoiler mon secret,

Même si tu essaies, tu ne pourras pas me piéger.

Bon ! Lorsque je m'établis dans une zone,

Tout le monde a peur de moi

Car j'ai toujours l'air d'un vrai maniaque ;

Par contre, les gens ne m'ont jamais invité.

Iphania: Oh !Quelle idée ! Quel dommage !

Famine : Mais j'y suis toujours. A moindre défaillance,

je les tiens.

Iphania: Peux-tu me raconter ton mode opératoire?

Famine : Il n'y a pas trop longtemps dans le nord-ouest du

pays,

J'ai descendu plus de 20 *desperados* (des hors la loi).

Oh ! J'ai oublié. On me surnomme aussi " Lucky Luc "

Tu sais que je suis également sensible à la gâchette

Comme ce grand *Cow-boy* des bandes dessinées.

Parmi ces gibiers, je les surnomme *"Gibier* "

Parce qu'ils savent qu'on ne doit pas avoir faim.

Dans le département du centre, plus précisément dans la ville

de Saut d'eau

et tout au long de la route qui mène à Mirebalais ;

il y a pas mal de *"Desperados* "qui se foutent de ma gueule,

Tu sais ce qu'ils font ?

Ils s'amusent à faire cuire des bourgeons de choux pour que

je ne les attrape pas. Ils veulent tromper ma vigilance.

Tu te rends compte à quel point ils me prennent pour un

imbécile ?

Etant donné que je suis un shérif bien formé ;

Je ne dis rien. Je ne fais rien,. Je reste dans mon silence.

Tout en croyant que ces bourgeons ne vont pas durer

longtemps

Et là; je ferai mon apparition en les butant par milliers.

Voila ce que c'est la famine, chère Iphania.

Gare à toi.

Quelques secondes

Quelques secondes…
suffisent pour détruire des centaines de milliers de vies

Quelques secondes…
suffisent pour mettre la première république noire à genou

Quelques secondes…
suffissent pour voler tous les rêves d'une nation

Quelques secondes…
Suffisent pour ne plus croire en Dieu

Quelques secondes…
Suffisent pour voir l'immensité de la misère du peuple
haïtien

Quelques secondes…
suffisent pour se rendre compte de l'absence de nos
dirigeants politiques

Quelques secondes…
suffisent pour se rendre compte de nos faiblesses en
urbanisme

Quelques secondes…
suffisent pour voir la grandeur de la solidarité humaine

Quelques secondes…
suffisent pour voir les visages des vrais haïtiens

Quelques secondes…
suffisent pour entrer les entrailles d'un peuple meurtri

Quelques secondes…
suffisent pour assister au chaos et au désarroi d'un peuple à
bout de souffle.

Quelques secondes…
suffisent pour anéantir toutes les couches sociales de la
population haïtienne

Quelques secondes…
suffisent pour mettre la république de Port-au-Prince KO
(Knock out).

Quelques secondes…
suffisent pour assister à l'hécatombe d'un peuple
courageux et résilient

Quelques secondes…
suffisent pour détruire nos bâtiments et nos vies

Mais Quelques secondes…
ne seront jamais suffisantes pour pleurer nos morts
et reconstruire les vies

Ras le bol

Depuis des lustres
Haïti vit à la merci des autres.
Faut-il toujours l'autre pour exister ?

Des politiques sans visions et sans projet de Société
Une population livrée à elle même.
Sans éducation, sans eau potable,
Une société qui marginalise les femmes.
Une éducation à double vitesse.

Depuis des lustres
Haïti vit à la merci des autres.
Faut-il toujours l'autre pour exister ?

Haïti implore la bonne foi de ses fils et filles
Les femmes demandent le respect et l'égalité des chances
Les enfants veulent aller à l'école
La population active veut travailler.
Haïti veut se développer.

Depuis des lustres …
Haïti vit à la merci des autres.
Faut-il toujours l'autre pour exister ?

Ras le bol

Des politiques véreux sucent le sang du pays.
Des dirigeants économiques divisent la Société
L'état est démissionnaire et anarchiste
La justice sociale est absente
La police terrorise la population.

Depuis des lustres
Haïti vit à la merci des autres.
Faut-il toujours l'autre pour exister ?

Haïti aux haïtiens
Haïti doit changer
Haïti doit se développer
Haïti doit éduquer tous ses fils
Haïti doit se relever.

L'arbre de ma famille
Tableau

2009 © Luckane BENOIT, « L'arbre de ma famille »

Cœur meurtri

Meurtri, endolori mon cœur va s'arrêter.
Au milieu de nulle part.
Mes sentiments errent jour et nuit
Pour trouver un refuge bien mérité.

Les larmes de mes yeux inondent mon cœur.
Femme de mes rêves
Femme de ma vie
Évite-moi cette terrible tragédie

Ne t'en fais pas mon ange
Tu es la femme que mon cœur réclame
La propriétaire du royaume de mon cœur.
Évite-moi cette tragédie

Épuisé, fatigué, mon corps t'appartient
 De loin, de très loin
J'attends ta belle et douce voix
Oui ! Loin des îles turques

Mon être tremble, frisonne
Devant ton architecture corporelle
Laissant derrière lui sa peau.
Évite-moi cette tragédie

Comme l'eau d'un ruisseau
Ta sueur coule sur ma peau
Laissant des traces de flaque d'eau
Évite-moi cette tragédie.

Ralphson Pierre

Pas assez...

J'ai oublié de te dire des choses
Quand je le pouvais

J'ai oublié de te dire Je t'aime
Quand tu avais le cœur attristé

J'ai oublié tellement de choses
Je n'ai pas pu tout dire
Pas assez...

J'ai oublié de te demander pardon
Quand j'avais la possibilité

J'ai oublié d'être sage
Quand tu me le demandais

J'ai oublié tellement de choses
Je n'ai pas pu m'excuser
Pas assez...

J'ai oublié de remercier les gens qui m'aiment
Quand j'avais la chance de les côtoyer

J'ai oublié d'aller rendre visite à mes amis malades
Quand ils avaient besoin de ma présence.

J'ai oublié tellement de choses
Je n'ai pas toujours été là où il fallait
Pas assez…

J'ai oublié de dire à ma mère combien je l'aime
J'ai oublié…

J'ai oublié de te faire des gros câlins à mes frères et sœur
J'ai oublié d'apprécier la beauté de ce monde
J'ai oublié … j'ai oublié …, j'ai oublié…

J'ai oublié tellement de choses
Je n'ai pas pu tout dire
Pas assez…

J'ai oublié tellement de choses
Je n'ai été toujours là où il fallait
Pas assez…

La vie est courte
Vis-la chaque jour,
Savoure chaque instant
Comme si c'était le dernier
Exprime ce que tu ressens envers l'autre.
Car tu n'auras jamais assez de temps pour le refaire.

Le cataclysme

Dans l'espérance d'une Haïti meilleure
Nos chemins se sont croisés.
Sur cet immense chemin déboisé
Un chantier de ruine vu d'ici et d'ailleurs.

Dans ce chaos, la faiblesse physique de nos amputés
Constitue une rage de vivre, une force mentale.
Sur ces tentes de fortune, la pluie tombe comme du métal.
Malgré tout, la vie reprend ses droits comme ça à débuter.

Entre souffrance, misère et espérance
La mort certaine n'est pas trop loin.
Le choléra, ce n'est pas ce dont on a besoin.

Ce 12 Janvier 2011 est une hécatombe
Érigeant des centaines de milliers de tombes.
Les tripes du pays sont en errance.

Mère patrie

Depuis ta naissance, tu ne cesses d'étonner le monde.
Tu as créé la voie de la liberté des hommes
Au péril de ton existence hors norme.
De ton sang, tu paies de ta révolte vagabonde.

Chute libre, depuis tu ne fais que chuter.
Engouffrée dans ton passé historique,
Glorieux, tu nous fais douter
Car tu refuses de voir au-delà de ton passé folklorique.

Après plus de deux millénaires
Tu n'arrives toujours pas à nourrir tes enfants.
Affamés, abandonnés, ils deviennent des errants.

Tu es encore dans l'errance et la misère…
Sans chercher une stabilité politique, économique et sociale
Pour un développement durable local et national.

Terre d'asile

Tableau

Ralphson Pierre

Pour la vie

De tes entrailles, tu m'as mis au monde
Merci maman.

De la misère, du malheur, tu m'as protégé
Merci maman.

Dans l'amour, tu m'as élevé.
Merci maman.

De mes cauchemars, tu m'as bercé
Merci maman

A ma faim, tu m'as donné à manger
Merci maman.

Dans les beaux et mauvais jours
Tu ne m'as jamais lâché
Merci maman

Dans l'obscurantisme, tu m'as apporté de la lumière
Merci maman

De ton vivant, tu t'es sacrifiée pour moi
Merci maman

Par ce poème, je t'honore.
Sois fière et repose en paix

Merci maman
Ad vitam !

L'homme de nature
— **"** —————————

La nature est un grand village
D'animaux, de plantes et d'hommes
Dans laquelle on trouve une biodiversité hors norme
Inconscient, l'homme détruit tout sur son passage

La nature est un grand village
d'animaux, de plantes et d'hommes

Désormais, une guerre est déclarée au fil des ans
L'homme qui se bat pour l'instant présent
Contre l'homme qui essaie de construire le futur,
De préserver les espèces et protéger la nature

La nature est un grand village
d'animaux, de plantes et d'hommes

Nos forets imposaient le respect
Aux yeux de l'humanité qui tremblait.
L'homme a modifié son environnement
Au détriment de sa vie et tous les êtres vivants

La nature est un grand village
d'*animaux, de plantes et d'hommes*

L'homme de nature, l'homme moderne
Traite la nature comme est une reine.
Pour éviter la disparition infernale
Des espèces animales et végétales.

La nature est un grand village
d'*animaux, de plantes et d'hommes*

Depuis, la nature tremble et pleure
Détruisant des hommes, des plantes, des fleurs
On meurt de froid ou de chaud
A cause de tous nos maux.

Dans tes yeux

En t'admirant, je vois la vie en rose
Difficile de soutenir ton regard morose
Tes yeux veulent me mettre en cause
Avant même que tu prennes ta pause.

Quand je te regarde, je deviens aveugle
Mes yeux te transpercent comme un aigle
Te guettent comme un ange dans un angle
Illuminé d'un triangle rectangle,

Quand je t'admire, j'oublie la routine
Mon cœur pose son regard sur ta rétine
Pour savourer cet instant d'extase

Tu illumines ma vie, mon sillon
Comme un pèlerin de Sion.
A travers tes yeux, je change de phase.

Ralphson Pierre

La distance

Sur la route qui mène au royaume de ton cœur
Je marche des kilomètres pour atteindre les rives.
Guidé par les étoiles dans une nuit vive
Mon corps frémit sur des pas de douleur.

Mon amour défie l'espace et le temps
Franchit la galaxie pour atteindre le firmament
Je voyage dans les univers les plus lointains
 Pour outrepasser les limites de l'être humain.

Sous un ciel dégagé, je prends mon envol
A coté des oiseaux et des nuages mais sans boussole.
Malgré le temps, nos cœurs sont restés fidèles
Comme de jolies hirondelles.

Sous un air mélodieux, je cherche mes ailes
Pour voler vers cet amour bidimensionnel.
L'espace et le temps s'accommodent à la transcendance
d'un sentiment qui défie la notion de distance.

J'ai quitté mon pays

Où son soleil luit dès l'aube ses plages

Et vous invite à s'approcher de ses rivages.

Sa mer bleue turquoise ne vous laisse pas indifférent.

Tout en piétinant son sable brûlant.

J'ai quitté un pays…

Où son peuple garde toujours l'espoir

Malgré ses déboires au cours de l'histoire.

Ses marchands ambulants vous offrent ses beaux fruits

Or dans quelques instants tout sera détruit

J'ai quitté un pays…

Où notre génération n'a jamais vu trembler la terre

Mais a toujours connu des cyclones et coups de tonnerre.

Ce 12 Janvier, la terre a tremblé de toutes ses forces

Mais sache qu'elle n'avait ni chaud, ni froid au torse.

J'ai quitté un pays…

Le samedi 9 janvier 2010 a mis fin à un mois de vacances

Un mois, je venais de passer au soleil tropical et immense

J'ai quitté un pays qui, malgré ses déboires, misères et tristesses ;

N'a jamais hésité de vous offrir son plus beau sourire et richesse.

J'ai quitté un pays…mon pays, mon île

© 2010 Etienne JEAN

Le château de mon enfance

Tableau

2005 © Luckane BENOIT, « Le château de mon enfance »

Ralphson Pierre

Marchands de sommeil

Pour plusieurs milliers de personnes
Dormir est une quête quotidienne
Au même titre que la nourriture.

Des gens au cœur d'acier vendent le sommeil
Aux plus nécessiteux à un prix exorbitant
Sans bonus de réveil.

Des marchands de sommeil sans scrupule
S'enrichissent au nom de la précarité.

Poussent des fragilisés de la société dans l'abîme.
Où est donc l'état dans ce gigantesque commence de
sommeil ?

Ces marchands de sommeil
Dorment dans des suites grâce au bénéfice de ce
commerce

Ces gens précaires dorment à la relève
Comme des bataillons qui lèvent la garde.

Bonjour monsieur, je voudrais quelques heures de
sommeil.
Y a- t-il encore des places disponibles ?

C'est le quotidien de Marie, Moussa, Mohamed et de Jean-
Luc.

Des marchands de sommeil sans scrupule
S'enrichissent au nom de la misère.

Des marchants de rêve vendent un morceau de nuit
Mais difficile de rêver dans ces conditions
Car tous les rêves de ces gens sont détruits.

Ralphson Pierre

Coeur en cavale

Mon cœur cavale dans les rues
Comme un fugitif qui tresse ses pas,

Parfois on dit qu'il faut faire un pas en arrière pour
avancer.
Mais on voit que plus on recule, moins on avance.

Les sages pensent que tomber plusieurs fois,
Ce n'est pas ce qui compte, l'essentiel c'est de pouvoir
se relever.

Du haut de ses montagnes,
Mon cœur cavale au beau milieu des épines.

Vu de mon inconscient,
Je me rends compte que mon cœur s'enflamme

Comme un amour volcanique, comme une larve meurtrière
Terrassant tout sur son passage,

Qu'est-ce que mon cœur cavale ?
Oui, il cavale pour un cheval

2011 © Erpé Editions
ISBN : 978-2-9538240-0-1

Dépôt légal – Bibliothèque Nationale de France
Première édition Mai 2011
Réédition Avril 2025

erpe.editions@gmail.com
www.erpe-editions.com

9 782953 824001